# Millonario
# a los veinte

E. Valderrama

Copyright © 2019 E. Valderrama
Todos los derechos reservados.

Del diseño de la portada y edición: Autopublicamos.com

Ninguna parte de esta publicación puede ser reproducida, distribuida o transmitida en cualquier forma o por cualquier medio, incluyendo fotocopia, grabación u otros métodos electrónicos o mecánicos, sin la previa autorización por escrito del autor, excepto en el caso de citas breves para revisiones críticas, y usos específicos no comerciales permitidos por la ley de derechos de autor.

# Contenido

Prólogo ..................................................................................... 6
Capítulo 1: El inicio ................................................................ 7
Capítulo 2: Mi vida en Estados Unidos ............................... 13
Capítulo 3: Internet y la universidad ................................... 17
Capítulo 4: Nace mi primer buscador .................................. 21
Capítulo 5: Mi primer empleo .............................................. 27
Capítulo 6: El gran paso ........................................................ 31
Capítulo 7: Generando ingresos ........................................... 38
Capítulo 8: La burbuja de las puntocom ............................. 42
Capítulo 9: La importancia de la educación ....................... 44
Capítulo 10: El posicionamiento en Internet ...................... 46
Capítulo 11: La venta de mis negocios ................................ 49
Capítulo 12: Los cinco pilares de cualquier negocio .......... 56
Notas del autor ....................................................................... 62

*Aquel que crea una posibilidad,
demuestra su inteligencia y habilidad.
El que la niega,
demuestra su ignorancia.*

Dedicado a Cecilia, mi madre.

# Prólogo

Vivo en una playa perfecta, mi favorita. Es de arena blanca y agua cristalina. Como sacada de una portada de revista. Las montañas están cubiertas de una vegetación exuberante. Un pequeño y particular paraíso. Me rodean las leyendas sobre tesoros escondidos en sus arenas y cofres de joyas ocultos en recónditas cuevas.

Podría vivir en cualquier lugar del mundo si quisiera, sin importar el dinero, el trabajo o los negocios. Pero vivo aquí, frente al mar. En un entorno selvático y generoso, rodeado de la belleza de los arrecifes de coral y de unas aguas tan transparentes que, cuando navego, puedo ver sin problemas el fondo marino. Un mar que me ha inspirado a contar mi historia para que esta pueda ser no solo un ejemplo de vida, sino una orientación eficaz y certera hacia aquellas personas que decidan emprender, que quieran alcanzar el éxito. Personas que quieran trabajar y poner su esfuerzo e inteligencia en ello: en crear su propia historia.

No te va a hacer falta una gran inversión, pero sí el afán de superarte, de llegar lejos, de querer cambiar tu vida. Será como encontrar un tesoro legendario que no está enterrado en ninguna playa ni escondido en ninguna cueva, sino dentro de ti.

Esta es mi historia. Pero podría ser la tuya.

## Capítulo 1
## El inicio

Este libro es la historia de mi vida, pero podría ser la de cualquier otra persona. Así que no voy a firmar con un nombre propio ni voy a tratar de que me conozcan. Al contrario. Te invito a que seas tú, estimado lector, quien ponga su nombre y comiences, de esa forma, a sentirte identificado con una historia que bien podría ser la tuya.

Nací en un bello país de Latinoamérica, tampoco importa cuál, y ya desde muy niño sentí inclinación por los negocios y las ventas, incluso llegué a montar una pequeña tiendecita en el jardín de mi casa, donde vendía juguetes rotos que yo mismo componía, cosas inservibles pero preciosas, construidas normalmente con mis propias manos. Era emocionante. Quizá el espíritu emprendedor lo heredé de mi familia. Recuerdo con verdadera nostalgia visitar la farmacia de mi abuelo Félix: su aroma, sus cajitas de medicamentos, sus utensilios, verdaderos misterios de trastienda a los ojos de aquel niño que fui. Todavía me pregunto si de veras ayudaba a mi abuelo y a sus empleados cada vez que me empeñaba en alcanzarles medicamentos de los estantes. Recuerdo perfectamente la sensación de estar a ese otro lado del mueble de madera y mármol, la gratificación de las sonrisas de los clientes, la emoción de estar realizando una importante labor. El sentimiento de creerme ya mayor, aunque mi nariz no alcanzaba todavía el velo del mostrador.

Reconozco haber sido un niño perspicaz y enérgico. En mis ratos libres construía naves espaciales que se desplazaban, sobrevolando mi habitación, mediante un ingenioso juego de poleas y cuerdas. Desarmaba cualquier artefacto que pasara por mis manos, y cuyo uso hubiera quedado obsoleto en casa, para adaptar nuevas piezas e investigar su funcionamiento interno. Reutilizar viejos motores y dotarlos de un movimiento automático era algo que me fascinaba. Supongo que fui un niño curioso y observador.

En el año 1986, cuando contaba tan solo con seis añitos, mi vida cambió para siempre y de forma irrevocable. Pasé de construir inventos básicos, aunque algo complicados, a recibir mi primera computadora. Todavía la recuerdo. Una flamante Commodore 64C. Creo que nunca lograré saber las dificultades por las que atravesó mi madre para lograr pasar aquel aparato por la aduana. Creo que tampoco, aunque viviera mil años, podré agradecerle su enorme esfuerzo ni explicarle lo que supuso para mí, en aquel momento de mi niñez, tener acceso a aquello en un país y una época en que apenas unas cuantas personas tenían la oportunidad de acercarse a la tecnología de punta. Aquella computadora tiene un lugar privilegiado en mi niñez y en mi memoria. Sus modernas dimensiones y diseño, sus juegos, sus imágenes a través de conexiones y cables en la televisión, lo rudimentario y al mismo tiempo fascinante de su funcionamiento. Cuántas largas tardes pasé con aquella primera computadora que me abrió para siempre un mundo apasionante y desconocido, como es el de la programación y el lenguaje desconocido de la codificación y el *software*. Era la época de las Atari y las Sinclair ZX, la de las Sharp MZ700; ¿puedes recordarlo? Algunos de ustedes, los más jóvenes, seguramente no, pero otros tal vez sientan esta misma nostalgia, este eco del pasado. Un mundo nuevo y maravilloso se abría frente a nosotros, que veíamos en las primeras computadoras personales como si el futuro, prometedor y enigmático, lleno de posibilidades, estuviera tomando forma ante nuestros ojos. La llegada de aquella maravillosa computadora me hizo creer que todo, absolutamente todo lo que imaginara, se podía hacer realidad.

Puedo decir que yo, como muchos niños de mi generación, crecí y me desarrollé a la misma velocidad que crecía y se desarrollaba aquella novedosa tecnología. Comencé a aprender el lenguaje críptico de la programación Basic, logré crear mis primeros programas informáticos simples, a escribir líneas de comando para ejecutar acciones sencillas. Me queda en el recuerdo la creación de un dragón en movimiento que, aunque parecía sencillo, requería un código de programación muy extenso que no permitía verificaciones hasta el final de su escritura completa, sin la opción de poder comprobar el trabajo o los códigos a medida que se avanzaba en el diseño, corriendo el riesgo de haber hecho una ardua labor en vano. La informática llenó por completo mis días. Me gustaba ordenar las listas de números de teléfono de familiares y amigos, sus direcciones, fechas de cumpleaños, digitalizar todo tipo de documentos, incluso llegué a tener el árbol genealógico de mi querida mascota Regina. Recordar aquella época me produce una bella sensación de puerilidad y nostalgia. Incluso hoy día, en que la informática ha llegado a niveles de perfección y capacidad inimaginables en aquel entonces, yo, al volver la vista atrás, echo de menos aquellos disquetes de ocho pulgadas cuya capacidad era de tan solo un *megabyte*.

Conforme iba pasando el tiempo y crecía, comencé a perfeccionarme estudiando el programa Logos, en el que a través de distintos comandos podía mover una magnífica tortuga y crear gráficos con las primeras computadoras Apple. Al mismo tiempo, gracias a mi padre, comencé a entender los conceptos básicos de los negocios. La gestión de su empresa, la administración de la farmacia de mi abuelo, los errores comunes en los que se puede incurrir. Cuando inició su negocio de extintores de incendios junto con Pepe, su mejor amigo y mi padrino, comencé a entender también el mundo de las ventas, de la publicidad y del asesoramiento. Se puede decir que mi infancia y adolescencia transcurrieron plácidamente en medio de un constante aprendizaje que tuvo como modelo el carácter emprendedor de mi padre. Incansable, sin caer nunca en el desánimo pese a las distintas crisis que siempre asolan mi país y que se suelen cebar en las clases trabajadoras, mi padre abría negocios, ampliaba sus horizontes, trataba de encontrar oportunidades y aprovecharlas.

Con el fallecimiento de mi abuelo, la farmacia dejó de ser el referente del concepto de empresa familiar que siempre tuvimos. Una parte de nuestra vida se quedó tras aquellas puertas cerradas, enfrascada en los envases de esencias y medicinas naturales con nombres de plantas milagrosas, en los cajones donde se amontonaban recetas médicas; aunque siempre guardaré el recuerdo de su aroma, del blanco inmaculado de su bata de farmacéutico y de todo lo que aprendí a su lado. Con él murieron todos los productos químicos y remedios que elaboró, los perfumes delicados, las aguas de colonia y los cosméticos. Se llevó para siempre la fórmula secreta del perfume que creó especialmente para mi abuela, con el que conquistó su corazón: Perfecto Amor. Sigo guardando en mi casa aquellos envases que todavía mantienen inalterados los perfumes que marcaron mi vida.

Tuvimos que reinventarnos. Mi padre abrió en ese mismo lugar una tienda de licores, pero, a pesar de su buen funcionamiento, requería una supervisión y una dedicación casi exclusiva, con lo que decidió cerrar el negocio y alquilar el local. Mientras yo crecía, lo vi trabajar incansablemente en distintos proyectos: desde la distribución de gas a domicilio al fascinante mundo de la construcción, que lo llevó a promover la edificación de viviendas. Yo crecí inmerso en todos aquellos detalles financieros y logísticos, que me servían para progresar en mis estudios e introducirme en el denso mundo de los negocios, hasta el punto de tomar mis primeras lecciones de manejo de manos del conductor de la empresa de gas; más tarde el contable de la empresa me ayudó con los problemas matemáticos y administrativos a los que me enfrenté como universitario en mi primer año: balances, arqueos, cálculos y asientos; que suponían un reto nuevo.

Para la época en que comenzó la gran crisis, a medida que las familias de mis amigos comenzaban a emigrar a Estados Unidos, mi padre tuvo la ingeniosa idea de crear una empresa de artesanía y joyas. Toda la familia participó de lleno en la creación de muestras, y acudíamos a los mercados y ferias para ponernos en contacto con los proveedores de los distintos productos. Mis padres cruzaron por primera vez nuestra frontera y entraron en el mercado norteamericano, abriéndose ante ellos como una gran oportunidad que nunca más se iba a presentar si trataban de superar una crisis que en mi país tardó años en tener un final más o menos claro. El recuerdo de mi madre etiquetando los productos en inglés, desenvolviéndose con soltura en un idioma tan admirado como desconocido para mí. Su fuerza y tesón, su perseverancia, fueron una importante lección de vida que siempre tendré presente.

Para ellos también fue un gran aprendizaje y una valiosa experiencia. Pudieron conocer el funcionamiento de un mercado tan amplio, exigente y voraz como es el estadounidense; lograron entender el sistema de abastecimiento de las tiendas y grandes superficies de compra y venta, el volumen de pedidos; hicieron contacto con proveedores y clientes, entendiendo el carácter negociador y la forma tan distinta de ver el mundo empresarial por parte de los norteamericanos. Sin duda fue una de las grandes experiencias de nuestras vidas.

*Lección de vida. La curiosidad nos abre puertas que nos conducen a nuevas oportunidades. Es primordial tener personas al lado que incentiven nuestra curiosidad, que, en otras palabras, es la necesidad de entender y conocer el mundo que nos rodea. Nunca debemos dejar de tener la curiosidad suficiente como para adentrarnos en territorios que parecen vedados al conocimiento, debemos conservar el interés y la capacidad de sorprendernos a nosotros mismos, rodearnos de personas que la potencien y sean un estímulo para nunca perder el afán de seguir aprendiendo.*

# Capítulo 2
# Mi vida en Estados Unidos

Al comienzo de la década de los noventa, cuando contaba con once años, mi madre obtuvo una beca para cursar un posgrado en Estados Unidos. La familia completa nos mudamos a una ciudad que tan solo habíamos visto en las películas o en la televisión, y que era, en sí misma, otro mundo: Nueva York.

De los primeros días recuerdo la sensación extraña en mí de no querer ir al colegio. La diferencia de calendarios escolares hizo que ese primer año me quedara sin vacaciones, algo que para cualquier niño es un enorme castigo. La adaptación a aquel nuevo mundo, tan distinto al mío por las grandes diferencias de su sistema pedagógico y la escasa presencia de personas de habla hispana en mi *high school*, fue muy complicada, debo reconocerlo. Las clases eran más numerosas y, por tanto, mucho menos personalizadas, pero también había una mayor oferta educativa de asignaturas, tanto opcionales como obligatorias, que se podían elegir según los gustos o los temas que despertaran un mayor interés en cada alumno y que al cursarlas quizá hasta ofrecieran mejores oportunidades de poder ingresar, en un futuro, en las mejores universidades de Estados Unidos. Comparado con lo que yo conocía, a veces tenía la sensación de estar en un nivel y un curso mucho más adelantado a lo que correspondía a mi edad. El nivel era muy exigente y elevado, pero tuve que adaptarme. Muy rápido, además. Conocer una sociedad cosmopolita, con personas de todos los lugares del mundo, hizo que mis fronteras mentales se derrumbaran para siempre. Tenía, y todavía conservo a algunos de ellos, amigos procedentes de Vietnam, India, Europa del Este, Suecia, Francia…

Fue en aquella época, por el año 1992, que entré en contacto con algo que ha cambiado el mundo y la forma de comunicarnos: Internet. En ese entonces la Red permitía pocos recursos, principalmente la mensajería entre distintos departamentos y algunos recursos más de computación, tanto es así que recuerdo haber pensado que la utilidad de esa nueva herramienta informática nunca llegaría a tener una aplicación práctica. Qué equivocado estaba. Seguía fascinado por todo aquello que tuviera que ver con las nuevas tecnologías hasta el punto de tener informatizadas todas las tareas de estudiante, las informaciones de carácter personal y todo aquello que me permitiera sistematizar mi vida, ponerla en el orden que yo necesitaba. Era algo común entre los estudiantes de mi edad en Estados Unidos. Me gustaba entregar todos mis trabajos impresos en lugar de hacerlo a mano, como la mayoría de compañeros. Siempre pensé que añadía un toque de distinción.

Vivir en ese país durante aquellos años fue una experiencia maravillosa e irrepetible, cierto, pero con el transcurrir del tiempo y la finalización de los estudios de mi madre, tuvimos que evaluar la posibilidad de quedarnos o volver. Yo añoraba mi casa, mis amigos, a mis abuelos y primos, echaba de menos el estilo de vida y las costumbres de mi país, donde todos habíamos dejado un pedacito del corazón. Sé que mi madre se sentía igual que yo. Hay un vínculo primordial que nos une a la tierra donde nacemos, una especie de hilo invisible que, a pesar de los buenos momentos vividos en otros lugares, nos da tirones de nostalgia en el alma y empuja de nosotros fuertemente hasta hacernos volver.

El día que bajé del avión y aspiré ese aire, ese aroma inconfundible de mi tierra, fue el día más feliz de mi vida hasta entonces. Tras tantos años en el extranjero, numerosos familiares y amigos acudieron a recibirnos, arropando nuestra llegada y forjando uno de los recuerdos más bellos y emotivos que guardo en mi memoria.

Sin embargo, la situación económica, política y social del país no había mejorado en todos aquellos años de ausencia. Seguíamos teniendo la enorme y dolorosa lacra del terrorismo, la incertidumbre y falta de confianza en el futuro y la caída constante de las infraestructuras básicas para poder llevar a cabo una vida normal. Ni siquiera podíamos estar seguros de cuándo íbamos a tener luz eléctrica o agua. Muchos fueron los que se preguntaron por qué regresábamos, teniendo la oportunidad de vivir en Estados Unidos. Creo, con sinceridad, que mucha gente tiene idealizada la vida en aquel país, como si fuera fácil cambiar de costumbres, aprender un idioma, llevar otra vida. Nada es tan fácil ni tan bonito como todo lo que aparece en las películas y series norteamericanas. Nosotros volvimos porque la tierra tiraba de nuestros corazones y porque cuando las cosas vienen mal dadas, a veces, aunque sea legítimo salir para comenzar una vida lejos, el mayor mérito puede ser quedarse y luchar para que las cosas cambien.

Volví a mi antiguo colegio. Recuperé mi anterior vida, a mis amigos y compañeros, a quienes había echado tanto de menos. Creo que volví a ser yo mismo al recuperar mis raíces. Allí, en mi vieja escuela, también se habían modernizado, instalando tres computadoras nuevas y, lo que me pareció todo un símbolo de vanguardia, el acceso a Internet. Fueron incontables las tardes en que mi mejor amigo, Ismael, y yo navegamos por aquel incipiente mundo virtual que crecía y se expandía continuamente. En las horas de recreo nos conectábamos a la Red para buscar información de nuestras series de televisión favoritas, música y entretenimiento.

El futuro de las comunicaciones nos estaba alcanzando.

## Millonario a los veinte

*Lección de vida. El corazón siempre tiene la razón. Pueden existir mil razones para realizar algo, para ser pragmáticos y objetivos, pero de nada sirve si no ponemos el alma en ello, si nuestros actos no están guiados por el amor en cualquiera de sus múltiples formas.*

# Capítulo 3
## Internet y la universidad

Aún no terminaba la escuela y ya me había inscrito en un curso por horas para aprender los secretos de las páginas webs. Cierto que era un curso muy básico en el que se enseñaba la programación en lenguaje HTML usando el simple bloc de notas de Windows, algo tedioso que nos obligaba a introducir todos los comandos línea por línea. Mi afán por aprender y por encontrar formas alternativas de crear páginas webs de una manera más práctica me llevó a conocer la aplicación FrontPage. Con este programa ahorraba mucho tiempo y encontré que era mucho más fácil crear páginas webs que fueran visualmente atractivas. Como en tantas ocasiones me ocurrió, mis ganas de saber, mi curiosidad innata, me llevaba más lejos que los medios disponibles en ese momento, así que fui autodidacta en todo el proceso de aprendizaje.

Poco a poco, con tesón, logré dominar el lenguaje de Internet y moverme con soltura por aquellos primeros motores de búsqueda: Altavista, Yahoo, Lycos, Infoseek... Tanto progresé que mi arrojo me llevó a ofrecerme para crear páginas a empresas que comenzaran a ver una buena oportunidad de negocio y vanguardia teniendo sus propias webs.

Fue también en esa época de estudiante cuando tuve que crear mi primer correo electrónico, evaldemarrr@hotmail.com, así, con tres erres. Este correo lo utilicé durante mucho tiempo, así como al famoso Messenger, el chat de Hotmail, que me sirvió para poder tener contactos y tratar temas de negocios con personas de todo el mundo, hasta que la tecnología, las comunicaciones y la mensajería evolucionaron en aplicaciones más actuales como, por ejemplo, Skype.

Pero para entonces tendría unos dieciséis años y estaba en la complicada etapa en la que debía terminar los estudios secundarios y comenzar la universidad. Fue un momento complejo, como para todas las personas que se ven en la difícil situación de escoger una carrera universitaria que de alguna forma determinará no solo el camino y la vida laboral del futuro, sino incluso la propia vida personal. Esta es una encrucijada en la que muchos nos hemos encontrado al tratar de garantizarnos el éxito.

En mi familia, mi padre era contador, aunque bien es cierto que jamás había ejercido su profesión dentro de sus actividades. A lo largo de su vida tuvo muchos y diversos negocios, pero poco o nada se relacionaron con los estudios que cursó. Por el lado materno, mi abuelo y mi tío eran abogados, así que cierta parte de la familia veía de forma natural que yo me inclinara también por la carrera de Derecho.

En principio, me decidí por estudiar Economía, pero mi tía Lily, economista de profesión, me llamó de Estados Unidos para recomendarme que me lo pensara mejor, que quizá la carrera, con tantísima teoría y tan poca práctica, no era la que más se acercaba a mi forma de ser; inquieta, dinámica y activa por naturaleza. Algo que siempre tuve claro es que mis estudios se relacionarían con el mundo empresarial, para el que tenía cierta inclinación, pero ¿cómo elegir?, ¿debía cursar Economía, Administración de Empresas o Contabilidad? Quizá lo único que sabía de verdad, porque se trataba de mi auténtica pasión, era que mi vida laboral estaría ligada a la tecnología. Y saber administrar una empresa me pareció, por lógica, algo que se podía compatibilizar e implementar mejor con ello.

Mi elección fue acertada, pero, al echar la vista atrás y con base en la experiencia, me doy cuenta de que ninguna persona debería verse obligada a tomar una decisión de tal calibre a una edad tan temprana. Hay que explorar las distintas opciones, conocer los entresijos de cada profesión, incluso debería existir la posibilidad de realizar prácticas previas, como de hecho me consta que brindan algunas escuelas, para que el alumnado experimente realmente lo que harán en un futuro. Creo, con sinceridad, que muy pocas personas jóvenes están preparadas para elegir una profesión. Pocos son los que se dan cuenta de que una decisión como esa va a marcar todo su futuro y modificará su vida a veces de forma irreparable. También es cierto que se puede cambiar de carrera, pero esto ocasiona una gran pérdida de tiempo e innumerables gastos familiares.

Aunque hoy nos cueste creerlo, en aquella época en la que era un estudiante preuniversitario no era nada habitual tener Internet en casa. Yo mismo solo tenía acceso cuando estaba en la escuela o en la casa de algún compañero. Me costó mucho trabajo convencer a mi familia, sobre todo a mi padre, para que contratara nuestra primera línea de Internet. Recuerdo que el lugar elegido fue el sótano de mi casa, que pronto se convirtió en mi santuario. Era imprescindible una tarjeta módem y una línea telefónica. Cada vez que yo me conectaba, imposibilitaba el uso del teléfono a toda mi familia, lo que nos ocasionó no pocos disgustos. En aquel sótano, donde yo me preparaba para el futuro, pasé muchas horas de estudio y de tareas propias de mi condición de estudiante. Hacía un uso indiscriminado de aquel servicio lento de entonces, navegando por los portales donde encontraba la información que me servía para aprender cada día más sobre el diseño de páginas webs. Para que la conexión fuera más rápida y evitar enfrentamientos, me conectaba durante las horas nocturnas y la madrugada, sin tener en cuenta, imagino que por mi propia condición de adolescente, el aumento del gasto en los recibos del teléfono, otro punto de discusión y enfrentamiento con mi padre.

Yo quería aprender. Aquel nuevo mundo me fascinaba.

Entre los estudios y las horas que dedicaba a Internet, reconozco que mi vida era bastante regular y tranquila, quizá demasiado. Tenía poca vida social. Mi familia, que no veía el potencial de todo aquello, me animaba a salir, a ir a fiestas con los compañeros de clase, a llevar una vida más acorde con mi edad y a hacer todo aquello que se supone los adolescentes debían hacer. No entendían nada. Era una brecha generacional y tecnológica la que me separaba de ellos.

Yo, por mi parte, hacía progresos en todas mis incursiones nocturnas navegando por la Red. Continué ofreciendo mis servicios de diseño web a empresas y mejorando cada día. Fue en una de aquellas solitarias noches en el sótano cuando se me ocurrió la brillante idea de ofrecer a mis clientes la oportunidad de no solo hacer sus páginas webs, sino de crear un buscador directorio expresamente para ellos.

El negocio se iba expandiendo.

*Lección de vida. La perseverancia y el esfuerzo deben estar siempre presentes, pero también hay que saber detenerse a pensar con claridad para tratar de tomar las decisiones adecuadas. Recapacitar, valorar cada parte buena o mala de las cosas, tratar de seguir consejos, pero sin dejarnos llevar por lo impuesto, es vital para no equivocarnos. La decisión correcta siempre será aquella que podamos compatibilizar con nuestra verdadera forma de ser y con las metas personales.*

# Capítulo 4
# Nace mi primer buscador

En mi país, como en muchos otros por esa época, el proveedor más importante tenía un directorio de páginas webs muy similar a Yahoo, pero actuaba de forma local. Viendo las carencias y anticipándome a las necesidades de un sector en clara expansión, nació la idea de crear un buscador en Internet y ofrecerlo a mis clientes. La idea me pareció maravillosa y funcional, pero para llevarla a cabo necesitaba investigar cómo eran y cómo funcionaban en otros países con una tecnología informática más avanzada. También me di cuenta de una triste realidad: necesitaba dinero. Ni siquiera era mayor de edad como para emprender un negocio propio, y mucho menos podía firmar contratos, acceder a cuentas bancarias con tarjetas de crédito, cobrar o emitir cheques... dependía totalmente de mis padres.

Una vez más mi edad mental chocaba de bruces con la edad cronológica.

Lo primero que hice tras valorar todo el proyecto fue buscar un *hosting* para mi buscador que fuera gratuito o que se pudiera sufragar con la colocación de anuncios. Otro problema mayúsculo con el que me enfrenté fue poder comprar el nombre del dominio, es decir, el nombre propio de la página web, el famoso y ya archiconocido «punto com».

Sin ingresos, completamente dependiente de mis padres y sin demasiada imaginación, decidí que mi directorio tendría un nombre sencillo, fácil de recordar, y lo llamé, simplemente, «El buscador». Su eslogan tampoco fue un derroche de ingenio, pero era enormemente descriptivo: «El lugar donde encontrarás todas las páginas del país». Los buscadores en español que existían en América Latina tenían unos nombres alusivos a instrumentos de navegación, tales como La brújula, El faro, La guía, etc.; con lo cual creí que tampoco estaba errando demasiado el tiro.

Me encontré de repente con el proyecto de mi propio negocio sin tener siquiera la mayoría de edad, y además no era un negocio al uso, sino un buscador muy simple, en un *hosting* gratuito sin nombre propio ni dominio. Reconocí mi error muy rápido. Si quería hacer crecer mi directorio, debía crear una marca. Los nombres asociados a la navegación en Internet, o bien tenían ya propietario, o bien su precio de venta resultaba desorbitado. La inspiración del momento me rescató de esa falta de ingenio. Recordé que, cuando vivía en Estados Unidos, mi tío Glenn me habló de una exposición de tesoros y diversos artefactos encontrados en un viejo galeón español llamado Nuestra Señora de Atocha. Entre otras muchas cosas extrañas e inservibles a mis ojos de niño, había un sorprendente aparato llamado astrolabio que, al parecer, servía para orientarse en el mar según la posición de las estrellas y los astros en las largas noches de navegación transoceánica. La palabra astrolabio tenía, además de personalidad propia, un toque tan original como evocador, así que ese fue el nombre que decidí ponerle a mi marca, a mi nuevo buscador, y como el dominio puntocom estaba ocupado, mi directorio pasó a llamarse Astrolabio.net. Corría el año 1998 y, por una de esas extrañas cábalas del destino, tal como ha ocurrido en tantos avances tecnológicos del siglo XX, mi primer proyecto de negocio nació en un sótano. Un bello y prometedor comienzo, sin duda.

En un principio mi directorio fue creado de forma similar a las páginas amarillas de la guía telefónica. Debo explicar que los primeros buscadores de Internet nacieron como un sistema de ubicación en donde los datos tenían que ser introducidos previamente. No fue sino años después que las grandes empresas como Google crearon sistemas automatizados de indexación de toda la información disponible en las diferentes páginas webs.

El obstáculo al que me enfrentaba era que, en realidad, nadie conocía mi directorio. Tenía que buscar por mí mismo las páginas webs de mi país y agregarlas de forma manual, una por una, al buscador. Luego enviaba un correo electrónico a cada empresa comunicándoles que su web había sido incluida en Astrolabio.net y les adjuntaba un código para que pudieran agregar mi buscador en su web, lo cual servía para hacernos publicidad mutua y gratuita.

Tenía la infraestructura, las ideas y las ganas de seguir trabajando en mi proyecto, pero para avanzar, lo que en realidad necesitaba era dinero y una tarjeta de crédito. Esa era la única forma de seguir adelante con todas las garantías. Comencé a hacer cálculos para determinar un primer presupuesto con el cual pagar el alojamiento y demás gastos de mi web: un capital total de 170 dólares. Era todo cuanto necesitaba.

Convencer a mis padres para que me permitieran utilizar su tarjeta de crédito fue una labor complicada que me demoró bastante tiempo. Debemos remontarnos a una época en la que realizar un pago por Internet a cualquier empresa de Estados Unidos sonaba peligroso. Las personas no estaban acostumbradas a realizar transacciones a través de la Red, al contrario de lo que hoy día ocurre, cuando nos parece de lo más normal y hasta los números de la tarjeta se quedan grabados en la plataforma para futuras compras. Requirió por mi parte un sinfín de explicaciones sobre seguridad, métodos de pago y, por supuesto, la asunción de todos los riesgos si cualquier cosa salía mal.

Después de registrar mi primer dominio, astrolabio.net, entendí los problemas de *marketing* relacionados con el nombre de las webs. Lo agotador en aquel momento era diferenciar de forma constante el puntonet y el puntocom. La publicidad que se hacía en aquel entonces siempre recalcaba la distinción de esos dos términos que creaban cierta confusión e impedían un tráfico constante a las páginas que de verdad se querían visitar. Mi primera lección fue que las personas siempre recuerdan mejor aquello que conocen, y a partir de ahí siempre registré mis dominios con puntocom y desarrollé tres ideas que hoy son imprescindibles en el *marketing* digital e ineludibles en los dominios web.

A saber: el nombre debe ser corto, compuesto de una o dos palabras como máximo, y que estas sean genéricas del español. Hoy las llamamos palabras claves y son imprescindibles para indexar mejor la web en los motores de búsqueda según la regla de oro del SEO en Google. Otra regla es que ha de ser simple de recordar, que la gente pueda asociarlo fácilmente con lo que conoce o busca y que se relacione de forma directa con los servicios que ofrece cada portal. La última regla, y no menos importante, es que no se preste a posibles errores de escritura u ortografía. Hay que evitar escribir signos, guiones, puntos o símbolos de cualquier tipo que puedan crear confusión o desaciertos al introducir el nombre en el buscador. Eso lleva a los visitantes a páginas distintas, de la competencia quizá, o incluso a ningún sitio, lo que siempre deja una mala imagen de la web.

Recuerdo haber leído un artículo sobre los astronómicos precios por los que se vendían algunos nombres de dominio, principalmente en inglés. Me planteé como estrategia comprar dominios con nombres concretos que pudieran tener, en el futuro, un valor propio. Entendí también que una parte importante del negocio es la capacidad de crear una marca, y que esta sea conocida, recordada; así como también comprendí que es vital tener la capacidad de posicionar ese nombre, algo que sucede con más facilidad si se usan palabras genéricas. Algunos de los dominios que vendí, gracias a la marca creada, poseían por sí mismos un valor intrínseco más allá del económico.

Todo esto ocurrió en mi primer año de universidad, con lo que debía compaginar mis estudios con el emprendimiento de mi primer negocio. Puede ser agotador solo pensarlo, pero a mí me resultaba fascinante.

Astrolabio tuvo una buena acogida y un rápido crecimiento. En un inicio haciéndose popular entre mis compañeros de escuela y de universidad, pero luego también a través de revistas especializadas como El navegante o PC World, propiedad de los principales diarios del país. A medida que la plataforma crecía, fui detectando las carencias de mi portal de búsquedas. Realmente yo nunca había estudiado programación, y recuerdo pasar horas en Internet investigando los lenguajes de programación de otros buscadores. Uno de ellos, PERL (Practical Extraction and Report Language), me pareció el lenguaje idóneo para mejorar mi web, salvo que nadie en la capital conocía el tema ni existía ningún centro donde impartieran clases. De nuevo tuve que usar Internet a modo de aula virtual y aprender, de forma completamente autodidacta, cómo programar este lenguaje y el modo de implementarlo en el buscador.

Fueron innumerables horas por distintos foros, de conversaciones virtuales con muchas personas que desde diversos países respondían a mis dudas ayudándome a llevar a cabo el ambicioso proyecto de crear un nuevo buscador eficiente partiendo casi de cero. Mi madre también acudió a mi auxilio cuando al volver de un viaje me regaló un libro sobre la programación PERL. Con todo, pude realizar una primera y sencilla versión de un buscador que permitía encontrar de forma rápida y eficiente todas las páginas webs registradas, algo muy parecido a lo que realizaba Yahoo, donde estas se guardaban en una base de datos y se mostraban en el buscador y en el directorio simultáneamente.

Mientras, trataba de llevar lo mejor posible el enorme nivel de exigencia que requerían mis estudios universitarios. Agotador, sí, pero también algo en realidad satisfactorio y apasionante.

*Lección de vida. Nunca puedes dejar de aprender. Nunca puedes conformarte y acomodarte en los primeros resultados, aunque estos sean buenos. En la vida hay que tratar de llegar a la excelencia, a dar lo mejor de nosotros mismos, no importa el esfuerzo que esto conlleve. La meta siempre será mucho más gratificante cuanta más voluntad pongamos en lograrla.*

## Capítulo 5
## Mi primer empleo

Fue un tiempo de mucho trabajo, de esfuerzo. Pese a que me encantaba lo que hacía, reconozco que la labor de compaginar los estudios con mi primer negocio, y a una edad tan temprana, requería una dedicación constante, casi exclusiva. Mi familia conocía muy bien lo que hacía, pero debo confesar que no creían demasiado en el futuro de mi empresa, en ese emprendimiento personal que tenía tanto que ver con una tecnología que les era completamente ajena y, por tanto, incomprensible. No obstante, confiaban en mí. Tanto era así que mi padre vio un anuncio en el periódico en el que una de las principales compañías de Internet del país buscaba talentos relacionados con lo que yo desarrollaba en el sótano de mi casa, y pensó que podía interesarme.

Hice mi primer currículum en una sola página, de forma rápida e impreso con tinta azul. Algo que, normalmente, supondría un error. En la entrevista de trabajo, las personas que optaban al mismo puesto pertenecían a la rama de ingeniería y poseían un currículum bastante más amplio y de muchos más años. Yo, en cambio, era muy joven y sin apenas ninguna experiencia laboral.

Recuerdo los nervios, el sudor en las palmas de mis manos, el hormigueo en el estómago. El corazón me dio un vuelco cuando pronunciaron mi nombre y me hicieron pasar directamente a la oficina del gerente del Área de Internet. Aquel hombre fue al grano: me preguntó si era capaz de poner en marcha una *webmail* para que los nueve mil clientes de su empresa pudieran acceder a su correo electrónico desde una sola y única página web. Respondí que sí. Nunca lo había hecho antes, pero tenía las nociones básicas suficientes como para poder implementar ese sistema. A partir de ahí la entrevista adquirió el tono más amigable de una conversación. Se interesó por mis conocimientos de programación y por la forma en que había estudiado el lenguaje PERL.

Sé que se quedó sorprendido cuando supo que todo lo había aprendido de forma autodidacta, que estudiaba Administración de Empresas y que tenía mis propios planes de emprendimiento. El hecho de no poder trabajar por las tardes, debido al horario de clases, no pareció ser un detalle demasiado importante. Creo que salí satisfecho de la entrevista, pero con ciertas reticencias.

Quince días después me llamaron para una segunda reunión, en esta ocasión con el gerente del Área de Procesos, y, por lo visto, también le causé una buena impresión, ya que en pocos días comencé a trabajar. Me contrataron con el cargo de *webmaster*, lo que básicamente me convertía en la persona encargada de la operatividad, programación, mantenimiento y disponibilidad del sitio web y también en el responsable de la creación de contenidos. El salario no me resultó importante. Aunque recuerdo haber tratado de averiguar cuánto cobraban los alumnos en prácticas de la universidad, yo ganaba más que cualquiera de ellos, así que consideré perfecto el pago.

El primer problema al que me tuve que enfrentar fue el tiempo, a administrar las horas del día de forma que pudiera asistir a las clases por la mañana, ir al trabajo hasta por la tarde y luego regresar a la universidad para el horario nocturno. Cuando llegaba a casa, dedicar el poco tiempo del que disponía a mi proyecto de buscador en Internet era algo casi imposible. Modifiqué el horario de las clases y hasta de mi vida para poder cumplir con el trabajo y con las metas que me había propuesto.

Fue una experiencia increíble. No era ingeniero ni programador y, además, ¡era el más joven de toda la empresa! Conocí a personas maravillosas, hasta el punto de que con algunas de ellas todavía mantengo el contacto y la amistad. A mi jefe parecía llamarle mucho la atención el hecho de que yo hubiera creado mi propio buscador en Internet partiendo de la nada, aunque creo que era más bien curiosidad. Asumí el trabajo como un gran reto: debía montar todo un sistema de correo electrónico para todos y cada uno de los clientes de la empresa que también querían su propia página web y, cómo no, hacerme cargo de la web corporativa de la empresa que me había contratado. Mi labor y mi responsabilidad se vieron ampliadas.

Instalar el sistema de correo requería un conocimiento del lenguaje PERL mucho más vasto del que poseía, así que tuve que aprender otros aspectos nuevos para que pudiese funcionar sin problemas. Fue toda una aventura. Una de las personas que más me ayudó fue mi buen amigo Hans. El se ocupaba de los servidores y nuestro trabajo debía ser conjunto, de colaboración constante, ya que él estaba encargado de hacer funcionar el PERL para que yo pudiera instalar el sistema de correo electrónico y que todo funcionara a la perfección. Fueron muchos los días trabajando codo a codo y varias las noches en que tuve que quedarme a dormir en su casa para poder trabajar hasta altas horas de la madrugada, haciendo pruebas constantes y verificando datos para por fin lograr cumplir los objetivos por los que había sido contratado. Cuando en la empresa vieron que pude llevar a cabo una tarea que a ellos les había tomado meses y resultado imposible, comenzaron a asignarme nuevos trabajos y objetivos.

Fue una época de aprendizaje constante y muy intenso, debo añadir. El propio Hans me enseñó a utilizar Photoshop para que pudiera modificar por mí mismo las imágenes de las distintas tiendas virtuales de nuestros clientes, completando mi formación en Diseño Gráfico. Interactuaba con personas mayores en edad y rango empresarial que me aportaban un gran conocimiento en los negocios con su dilatada experiencia. Asumía cada día nuevos retos y nuevas responsabilidades, y aunque mi Astrolabio había pasado a un segundo plano dentro de mis prioridades, tenía un buen salario, muy por encima del de mis compañeros y de la gente de mi edad, y mi familia estaba feliz por comenzar a vislumbrar un futuro prometedor para mí dentro del sector de las comunicaciones por Internet, que era mi pasión.

Hasta que un día mi cuerpo dijo basta. La sobrecarga de trabajo, los nervios y el estrés que me producía tanta responsabilidad, la alta exigencia de mis estudios universitarios y los desórdenes alimenticios y de sueño, ya que dormía cuando el tiempo me lo permitía y en ocasiones ni siquiera comía para poder terminar los trabajos, me ocasionaron un principio de úlcera y un grave cuadro de problemas estomacales. Era todavía muy joven para tener ya esa enfermedad y arrastrar un estrés que es difícil de sobrellevar incluso para personas adultas. Se me recetó paz. Una rutina establecida de horarios para las comidas y para centrarme en mi vida universitaria, que era lo realmente apropiado.

Muy a mi pesar tuve que renunciar a mi primer empleo y volver a ser un estudiante más.

*Lección de vida. A veces pretendemos correr demasiado. La vida y las experiencias nos imprimen un ritmo que no es el que deberíamos llevar. Hay tiempo para todo. Un tiempo para aprender, un tiempo para trabajar y un tiempo para vivir. No por querer condensar tantas experiencias vamos a ir ni a llegar más rápido a nuestras metas, y aunque todas las experiencias son positivas, los sobreesfuerzos pasan factura. Hemos de ser prudentes y saber priorizar.*

## Capítulo 6
## El gran paso

Tras tantos meses de trabajo y estudios a contrarreloj, volver a lo de antes fue como sumergirme en un remanso de paz. Regresé a la universidad y a los horarios normales, con sus deliciosas rutinas, y retomé mi proyecto, conquistando una parcela de libertad y tranquilidad que tenía casi olvidada. Gracias a mi experiencia logré optimizar mi tiempo, aprendí a sacar partido de los hábitos de trabajo diarios y a vivir de forma más acorde a mi edad, sin tantas presiones ni exigencias, lo cual no significó que no tuviera mucho que hacer.

Lo primero que hice fue perfeccionar el proceso de inscripción de páginas webs en mi buscador para no tener que ir copiando y pegando de uno en uno las solicitudes que me llegaban a través de los formularios de inscripción. Algo que hoy es tan sencillo, por aquel entonces era un proceso largo y tedioso.

Un conocido portal web contactó conmigo para proponerme el desarrollo de un buscador similar al mío. Al parecer mi nombre había sonado como el de una futura promesa y un profesional del sector, así que insistieron, tras varias conversaciones y correos electrónicos, en que conociera las instalaciones y comprobara, *in situ*, el enorme poder y presupuesto que manejaban en su modelo de negocio. Debo reconocer que me impresionó aquel edificio donde ellos tenían sus grandes y modernas oficinas, la cantidad de personal contratado y todo aquel aroma a éxito impregnado en las paredes. Me sentí pequeño. Yo era tan solo un muchacho con un buscador creado en el sótano de mi casa, y con mucho esfuerzo, aunque, eso sí, tenía mucha audiencia y muchos clientes.

Quizá el tiempo transcurrido en aquel primer empleo me hizo ver algo que a simple vista era imposible detectar tras la estela de éxito que poseía la firma: tenían muchos más gastos que beneficios. Aquella enorme infraestructura requería un costo tan elevado que hacía imposible la viabilidad. Al fin y al cabo, solo trabajaban con un sencillo portal de Internet. Vi claramente que con muy pocos recursos se podía ser muy eficiente, y que la tecnología, la optimización de esos propios recursos, podía servir para reducir costes y, por tanto, generar beneficios. Yo era muy joven, es cierto, pero era perfectamente capaz de evaluar los riesgos. Con el tiempo, cuando explotó la burbuja del puntocom y muchas empresas tuvieron que cerrar, comprobé lo acertado de mi teoría. Aquella empresa se había mantenido a flote gracias al capital extranjero, que sufragaba los gastos, sin embargo, sus ingresos no eran suficientes como para permitirle ser viable.

De todas formas, ni siquiera nos pusimos de acuerdo con el dinero a cobrar por desarrollarles el buscador. Además, para aquel entonces yo tenía mucho más claras mis prioridades. Necesitaba hacer crecer mi negocio. Tratando de encontrar distintas nuevas formas de promocionar páginas webs, me encontré con la plataforma Dejar Huella. Esta web era una herramienta que permitía, con un único formulario, registrar una página web en los principales buscadores globales. Utilicé varias veces su plataforma hasta convencerme de su utilidad, y decidí que tenía que contactar con ellos para incluir mi buscador en su sitio. Tras unas breves e intensas conversaciones, mi pequeño buscador pasó a estar en la lista junto con los más conocidos buscadores. Este hecho produjo un cambio radical en mi forma de trabajar. Comenzaron a llegar solicitudes de inscripción de muchos países: México, España, Argentina... Cambié el eslogan publicitario de mi sitio web por «El buscador de América Latina» y más tarde a «El buscador hispano».

Corría el año 1999 y, aunque mi buscador crecía a buen ritmo, mis fuentes de ingresos se limitaban a unas comisiones sobre las ventas generadas en el programa de afiliados de Amazon: el mercado de habla hispana todavía era muy reacio al comercio y las compras por Internet. Fue entonces cuando me planteé dejar los estudios. El negocio crecía más y más y yo necesitaba invertir en él todo mi tiempo, algo que la exigencia de mi carrera me impedía.

El grandísimo obstáculo que encontré fueron mis padres. Para ellos era impensable que un hijo suyo, siempre el primero de la clase, y que además provenía de una larga estirpe de profesionales con formación universitaria, pudiera dejar a la mitad sus estudios. La sola mención de ese tema provocaba conflictos graves y amenazas con tener que marcharme de casa. Fue una situación muy complicada y compleja que me originó malestar e incertidumbre porque tenía que elegir entre aquello que debía hacer y lo que de verdad quería hacer. Mi imaginación me llevaba a proyectar mi vida en el hipotético caso de que, pese a dejar la universidad y dedicarle todo mi esfuerzo, el negocio fracasara.

Como he hecho muchas veces en mi vida, busqué el equilibrio. Me fijé un plazo de seis meses para lograr que mi negocio creciera lo suficiente como para que el dejar la universidad no supusiera la enorme crisis familiar que podía ser. Me apliqué a fondo en el trabajo y solo cuando, tras ese tiempo, les mostré los balances económicos que estaba generando, suavizaron su posición y me permitieron seguir adelante. Quizá usar la referencia de Bill Gates como ejemplo clarificador fue una buena forma de ilustrarlo.

Dado el número de visitantes que crecía de forma exponencial, mi web exigió que aplicara en ella toda una nueva innovación tecnológica. Tomando como referencia un sistema llamado Coranto pude crear uno propio que lograba soportar cualquier carga de tráfico, su función era ordenar todo en una base de datos, creando unas páginas webs estáticas que no se generaban a medida que el usuario las consultaba, con lo cual nunca había sobrecarga en el número de consultas a dicha bases de datos, facilitaba la navegación a los usuarios y me permitía ahorrar costos al no tener que implementar novedosas tecnologías en generar nuevas páginas con el aumento de visitas. Tristemente pude comprobarlo el 11 de septiembre con el atentado a las Torres Gemelas de Nueva York. Todas las webs se saturaron. La gente se volcó en la Red buscando información y las últimas noticias. Las páginas de todo el mundo cayeron, colapsadas por el tráfico masivo de visitantes: el sistema que yo había diseñado se mantuvo en pie.

Otra innovación que implementé fue encaminada a la eficiencia en las actualizaciones de las webs. Aprendí el nuevo lenguaje JavaScript, lo que me permitió ingresar elementos comunes, interacciones con los formularios y otras opciones sin necesidad de sobrecargar el servidor. Mi web crecía y crecía, pero me di cuenta de que para que los usuarios permanecieran más tiempo en ella era necesario generar otros servicios complementarios, aplicar nuevos proyectos y ampliar mi infraestructura, con lo cual se hizo imprescindible adquirir nuevos servidores que soportaran el incremento de la audiencia y de las aplicaciones.

Lo primero que hice fue crear un servicio de avisos clasificados que denominé El Vendedor, muy exitoso y de una rápida utilización por parte de los usuarios. Al poco tiempo implementé un servicio de postales y tarjetas virtuales. Lo realmente complicado para mí era crear las animaciones, así que puse un anuncio en el periódico buscando un dibujante que pudiera realizarlas y darles movimiento como si fuese una pequeña película en un programa denominado Macromedia Flash. Por primera vez en mi vida tuve que ser yo quien realizara entrevistas de trabajo y contratar personal. El elegido fue un chico que había ganado un concurso de cómics, y con unas pasmosas creatividad y versatilidad. Nos pusimos a trabajar juntos, primero creando los personajes: nuestras principales figuras fueron un gracioso extraterrestre que vivía enamorado de una linda conejita. Tras esto, definimos las distintas categorías de postales y luego tratamos de ver de qué forma podíamos darles vida. En cada una de las tarjetas había que recrear una escena y un guion de lo que en ella ocurría. La idea era que el sitio web no contuviera palabras para tratar de hacerlo lo más internacional posible, y aun así tuvimos que realizar versiones distintas en castellano, inglés, francés, alemán y japonés. Creo que nunca había trabajado en algo tan entretenido y creativo. Era como crear pequeñas películas, repitiendo una y otra vez cada escena hasta que se viera y se transmitiera el mensaje de la forma correcta y con el efecto deseado.

Como la web requería una evolución constante, seguí pensando en las necesidades que podía cubrir y creé un servicio de oferta y demanda de productos que permitía a la gente hacer y publicar sus propios anuncios. Siguió una aplicación de búsqueda de empleo con la que mi portal permitía registrar currículums a los particulares y ofertas de empleo a las empresas. La expandí con la publicación de artículos relacionados con el desarrollo profesional y recursos humanos.

Tras esto tuve la idea de trabajar con temas menos serios, y así nacieron dos de mis nuevas webs, una revista especializada en contenidos específicos y un portal de búsqueda de pareja, dos opciones sin duda mucho más lúdicas. Mi portal, Citas Virtuales, permitía publicar un perfil personal y buscar entre otros perfiles hasta concertar una cita, para la cual se fijaba una hora concreta y una clave personal que permitía el ingreso en un chat privado. Tuvo tanto éxito que hasta salió publicado un artículo sobre mi portal de citas en una revista especializada en temas de Internet.

La revista especializada, Esotérico, comenzó con secciones de horóscopo y astrología, que tuvo también un éxito inmediato, sin duda por la calidad de los contenidos que publicaban los diversos colaboradores especialistas en esos temas a cambio de publicidad gratuita. También me di cuenta de que existían pocos portales que recopilaran monografías o trabajos de investigación al estilo Rincón del Vago o Monografías.com, así que decidí crear el mío propio. Ilustrados.com iba enfocado a los estudiantes de cualquier nivel y su rápido éxito me permitió ir creando otros sitios webs cada vez más especializados: salud y medicina, negocios, administración, biografías... También surgió la posibilidad de comercializar algunos de aquellos trabajos a través de una plataforma informática en distintas universidades y centros de investigación del mundo. Para gestionar este nuevo reto tuve que contratar un ingeniero informático que diseñara un programa específico con el cual realizar el seguimiento de los distintos autores, las ganancias, la facturación, las liquidaciones, el control de pagos, etc.

Lo único que me faltaba era tener mi propio correo electrónico gratuito. Era un servicio cada vez más demandado y con más presencia, al estilo Hotmail o LatinMail, así que contacté con una empresa de telecomunicaciones francesa que me podía ofrecer este servicio dentro de mi web. Además, esta nueva implementación me permitía tener mayores ingresos. El crecimiento explosivo de todas mis creaciones me llevó a considerar que era el momento oportuno para que cada una de ellas existiera y se desarrollara de forma independiente. Tuve que invertir en la compra de servidores propios en Estados Unidos, requerí asistencia legal y tuve que barajar las propuestas comerciales que me hacían llegar las distintas empresas. En muy poco tiempo, los diferentes portales nacieron con sus propios dominios y alcanzaron un crecimiento espectacular en cada una de sus áreas. Tuve que contratar a más personas, asignar tareas específicas intentando que cada una de ellas se encargara de la gestión de los distintos portales, así como a más personal para poder crear y publicar todo ese inmenso caudal de contenidos necesarios.

Había logrado el éxito.

*Lección de vida. Hay que correr riesgos. A veces es necesario apostar por uno mismo, por lo que cree o por lo que quiere. Debemos abandonar lo conocido, lo plácido, y ponernos a prueba. Son decisiones difíciles y hay que meditarlas mucho, pero no tanto como para que una realidad que no queremos nos impida realizar nuestros sueños.*

## Capítulo 7
## Generando ingresos

Llegó el esperado año 2000, el famoso cambio de siglo y de milenio, esa fecha en la que muchos habíamos calculado nuestra edad siendo niños, tratando de imaginar qué estaríamos haciendo en ese momento. Yo nunca imaginé que sería un empresario de éxito preocupado por generar ingresos de forma en que pudiera permitirme mantener mis múltiples empresas. Imagino que el futuro, por claro y diáfano que lo veamos, nunca llega a presentarse con tantos detalles en nuestra mente. El gran gasto que suponían los servidores, el pago de sueldos y el mantenimiento de toda la infraestructura, solía quitarme el sueño. Esa es la parte de responsabilidad de la que nunca nos hablan en las universidades, sino la que nos enseña la vida.

Tenía diversos medios que me ofrecían pagos por poner sus anuncios en mis webs, en los distintos portales y con distintas tarifas, según su posición o por el número de veces que este aparecía. Algunas empresas resultaron ser poco confiables e incumplían las mensualidades, lo que me obligó a ser mucho más precavido y a investigar sobre su solvencia, su historial en el mercado o su seriedad para con los clientes antes de llegar a ningún acuerdo. Para ello existían varios portales donde los *webmasters* compartían sus diferentes experiencias con empresas y, sobre todo, si cumplían con sus pagos.

Una de las mejores formas de generar ingresos fue mediante el *marketing* de filiación. Esto consistía en que muchas empresas me pagaban por referirles usuarios. Eran muchas las compañías que me ofrecían una comisión única por cada venta generada, y el principal mercado con el que trabajaba era Estados Unidos.

Por otra parte, los anuncios publicitarios evolucionaron a los denominados *banners*, y también fueron muchas las empresas que me ofrecían un pago por cada número de veces que se veía uno de estos avisos o por la cantidad de ocasiones en que los usuarios hacían clic con el ratón. Algo que hoy, y mucho antes del sistema publicitario de Google, ya denominábamos pago por clic.

Otra excelente fuente de ingresos fueron los denominados *dialers* o marcadores, con los cuales podía llegar a ganar hasta cinco mil dólares diarios. Básicamente consistía en la descarga por parte del usuario de un programa simple con el que podían acceder a un determinado contenido. Cada minuto en que el usuario estaba navegando por este programa, y viendo sus contenidos, se le pasaba factura a la compañía telefónica del navegante, lo que venía reflejado en su siguiente recibo. Era un sistema versátil que podía ser aplicado a cada página web o contenido, ya fueran páginas de entretenimiento o de información.

A medida que proliferó el uso de dispositivos móviles de nuevas generaciones, como los *smartphones*, este mercado creció de forma exponencial. Una empresa me permitió crear una página con mi propio dominio para ofrecer descargas de tonos, fondos de pantalla, etc. Este negocio siguió creciendo con los SMS, o mensajes de texto. Por supuesto, se podía ampliar a casi cualquier tema. Había plataformas de juego, casinos y similares que también me pagaron por la publicidad, generando las ganancias de forma simultánea al gasto que hacían los jugadores que accedían a través de mis portales, algo que controlábamos con un código de rastreo para identificar su procedencia. También ofrecíamos la posibilidad de hacer consultas de tarot. Estos temas esotéricos habían funcionado siempre de forma óptima, así que con mi buen amigo Fernando lanzamos un consultorio a través de números personalizados, en el cual todo un equipo de tarotistas ofrecía sus conocimientos y atendía las consultas. El pago era facturado también en el recibo del cliente que hacía la llamada.

Con el tiempo y dado el crecimiento de Internet en todo el mundo y la viabilidad de los negocios que se hacían a través de este medio, comencé a colaborar con Google, en su conocido sistema AdSense. Los resultados allí fueron excelentes. Google me ofrecía un pago por publicidad al incluir un código que mostraba anuncios en formato de texto durante su etapa inicial, y después en anuncios gráficos.

Con el rápido crecimiento de mis visitantes a los distintos sitios webs, el uso del contenido de mis revistas y de los distintos servicios que yo ofrecía en mis plataformas, distintas empresas de Europa y Estados Unidos contactaron conmigo para proponerme diversos y variados modelos de negocios, otros me proponían publicidad mediante patrocinadores o con contratos por tiempo determinado. Tuve que volver a estudiar para lograr entender todo el entramado legal al que me enfrentaba en cada contrato y saber valorar las propuestas comerciales o los acuerdos de muy diversa índole que me ofrecían. Las empresas de estos dos continentes tenían formas de hacer negocios que no era de lo más común en América Latina. Lo mejor de trabajar con este tipo de empresas e internacionalizar mis plataformas fue que el cumplimiento de los pagos siempre era puntual, aunque, como contrapunto, su nivel de exigencia y de estándares de trabajo eran elevados y muy exigentes en comparación a cómo funciona la cultura latinoamericana.

*Lección de vida. Nunca hay que conformarse con las metas conseguidas. Hay que crecer, tener ambición y una disposición incansable al trabajo. Solo con esfuerzo y una pizca de ambición podremos conseguir nuestras metas personales.*

# Capítulo 8
# La burbuja de las puntocom

De forma paralela al crecimiento y desarrollo de mi negocio, el mundo se sumía en una especie de invasión de las llamadas puntocoms. Empresas que nacían en Internet con gran financiamiento, pero sin tener un modelo claro de negocio, algo que debe definirse desde un principio y de forma muy clara: qué es lo que vas a ofrecer al mercado, cómo se va a hacer, cómo se va a vender, de qué forma se van a generar los ingresos. Estas sencillas preguntas básicas no contaban con respuestas para muchas de aquellas plataformas. Se puede decir que eran empresas que se creaban e iniciaban sus operaciones sin haber comprobado antes la viabilidad de su negocio, y mucho menos habían realizado cualquier estudio que les permitiera saber su proyección en el tiempo.

El concepto *start-up* definió a todas aquellas empresas que estaban en esa etapa inicial de creación, presentando grandes posibilidades de escalabilidad y de crecimiento rápido, acompañadas por un uso intenso de la tecnología.

Lo que aconteció después es lo que se conoció como la burbuja de empresas de Internet o la crisis de las puntocoms.

Por un lado, estas empresas obtenían grandes capitales provenientes de los fondos de inversión, entidades de inversión colectiva que reúnen fondos tanto de personas físicas como jurídicas bajo la administración de un banco o de cualquier otra institución.

Las nuevas tecnologías y el uso de Internet llevaron a muchas de estas compañías a vender acciones de sus propias empresas y salir a cotizar en la bolsa de valores. Lo importante parecía lograr liquidez y hacer partícipes a los inversionistas de un crecimiento potencial de cada una de las empresas. La gente compraba acciones sin saber muy bien qué era aquello que estaban comprando, invirtieron su dinero en un modelo de negocio que prometía la generación constante de beneficios, pero estos pequeños inversores no sabían, en muchos casos, ni la forma en que estos se generaban ni el tiempo en que tardarían en recuperar su inversión. Se formó una burbuja de empresas y valores de mercado tecnológico que, al explotar, generó una crisis millonaria en muchos de los negocios que se basaban en el uso de Internet, ya que no pudieron demostrar su rentabilidad ni sostenibilidad y, simplemente, quebraron.

Muchos sitios de Internet desaparecieron con esta crisis, empresas con grandes costes y con pocos beneficios, cuando no, directamente, pérdidas. Esto no ocurrió en mis múltiples plataformas, ya que yo no contaba con esos desorbitados financiamientos con capital externo ni había buscado la entrada en los grandes mercados. Mi empresa generaba ganancias y, aunque duela decirlo, esta crisis eliminó a muchos de mis competidores.

*Lección de vida. Hay que estar seguro de uno mismo y tratar de no dejarse llevar por la facilidad y los cantos de sirena. Siempre hay que tratar de hacer lo máximo posible con los recursos de los que uno dispone porque todo lo demás es hipotecar el futuro y dejarlo en otras manos, o al azar. Ese es un riesgo que nunca se debe correr.*

# Capítulo 9
# La importancia de la educación

Cuando mi negocio alcanzó esas cotas de viabilidad y ya estaba firmemente asentado en el mercado tecnológico, decidí, por voluntad propia, volver a retomar mis estudios y obtener el diploma que podía representarme como profesional. Creí necesario tener un título universitario que diera muestra de mis logros académicos.

Fue una época maravillosa. Es cierto que yo era un par de años mayor que los chicos que me rodeaban y venía de construir un negocio propio, lo que me permitía tener mi propio auto y una solvencia económica muy distinta a la de la mayoría de los alumnos, pero eso no fue un impedimento para trazar nuevas amistades. Pude disfrutar esta vez de mis estudios de una forma mucho más tranquila y sosegada, sin tener la preocupación de qué ocurriría en el futuro, puesto que yo ya lo tenía, si no resuelto, sí muy bien encaminado, y eso es algo que mis compañeros no podían sentir. La incertidumbre sobre el futuro siempre acompaña a los estudiantes que tienen que dar ese enorme paso de salir a la vida.

Al estudiar Administración de Empresas, cada cosa que aprendía podía implementarla enseguida en mi negocio, lo cual también fue un gran aprendizaje. Recuerdo que al final de la carrera, para poder conseguir la titulación, debíamos defender un proyecto de empresa ante un tribunal académico. No miento si digo que eso me alteró un poco. Me preparé mucho para defender mi ponencia y me aprendí todas las respuestas posibles para aquellas preguntas técnicas y para los temas más difíciles. Al final se debía demostrar cierto grado de suficiencia en la profesión y explicar la experiencia profesional. Yo me limité a contarles cómo había creado mis portales de Internet, cómo había resuelto aquellas primeras dificultades en un mundo tan nuevo y tecnológico. El jurado se mostró tan sorprendido por mi relato que incluso los tres miembros, puestos en pie, me aplaudieron, otorgándome el grado académico con honores. Fue un momento realmente emocionante para mí.

*Lección de vida. La experiencia siempre es importante, pero la educación es la base de todo aquello que hagamos en la vida. Incluso cuando creemos que hemos alcanzado nuestras metas, podemos y debemos seguir aprendiendo.*

# Capítulo 10
# El posicionamiento en Internet

A partir del año 2000, Internet no solo había crecido mucho, sino que se comenzó a desarrollar de formas distintas y era un entorno en constante despliegue.

El llamado posicionamiento en buscadores, la optimización en los motores de búsqueda o SEO, *Search Engine Optimization,* es un conjunto de acciones orientadas a mejorar la ubicación de un determinado sitio web en la lista de resultados de búsqueda en Google, Bing, Yahoo y otros exploradores de Internet. Se requería un aprendizaje constante, una enorme capacitación y un conocimiento para lograr ubicarse de esta forma en los primeros lugares. Al crecer de forma exponencial el número de páginas webs, cada vez era más difícil posicionarse.

Los sistemas que gestionaban estos buscadores fueron modificando su forma de posicionar las distintas páginas y en Google surgió un nuevo mundo de negocio con el conocido PageRank, un algoritmo creado por Larry Page y Sergey Brin, cuya función es la de medir la importancia y calidad de una página web en rangos que puntúan del uno al diez, y de forma completamente automatizada. Una de las características principales que da un mayor posicionamiento, según este algoritmo, es la cantidad de enlaces o *links* que pueda tener determinada página web porque esto otorga un mayor rango de jerarquía en Internet, al mismo tiempo que sirve para ordenar todas las páginas de forma automática.

Obviamente, esta nueva forma de entender el ordenamiento de las webs y la modificación que exigía creó una especie de carrera por parte de muchas empresas tecnológicas.

Para mis páginas webs tuve que contratar a nuevas personas que crearan «enlaces naturales». Para ello debíamos contactar con otros sitios de Internet o revistas *online* y proponerles la creación de contenido gratuito a cambio de poder utilizar los enlaces a su web. Había que llevar un control riguroso y un monitoreo constante de cada uno de estos acuerdos y enlaces compartidos. Pero esta estrategia también fue variando con el tiempo, ya que los enlaces ficticios comenzaron a ser penalizados en las búsquedas y algunas empresas web que se habían creado tan solo para realizar enlaces indiscriminados hacia los sitios de sus clientes resultaron un completo fiasco.

En el mundo de posicionamiento web se acuñó el término *black hat SEO*, sombrero negro del SEO, vendría a traducirse, y consistía en lograr mejorar el posicionamiento mediante técnicas, digamos, poco éticas, como el *cloaking* o camuflaje, que consistía en mostrar un contenido al buscador y otro al usuario; el *keyword stuffing*, que trataba de poner un número indiscriminado de palabras clave y repetirlas varias veces dentro del contenido en la página que se quería posicionar, o la publicación de forma abusiva de comentarios en blogs y distintos foros solamente para generar los enlaces. Obviamente, los buscadores detectaron todos estos trucos y comenzaron a penalizar a dichas páginas webs en el orden de los resultados, o incluso algunas llegaron a ser eliminadas por completo.

En la actualidad, el sistema Google sigue evolucionando y ahora trata de dar prioridad a las páginas que tienen una mayor calidad en su contenido, con enlaces creados de forma natural hacia una determinada página, con ayuda de las redes sociales y otras variables. Esto también generó una nueva oportunidad de negocio. Los antiguos portales webs debían actualizarse, crear nuevos contenidos y artículos con el fin de atraer más tráfico y lograr posicionarse en los primeros lugares de las búsquedas.

Las nuevas redes sociales que comenzaban a surgir obligaban a estar presente en ellas como una nueva forma de negocio, se necesitaba estar siempre al día, realizando actualizaciones constantes y buscando la forma de lograr seguidores. Portales de video, como YouTube, alcanzaron un enorme éxito al permitir que cualquier persona pudiera poner contenidos en forma de video y crear canales a través de los cuales lograba una comunicación nunca vista. Una nueva figura surgió de todo este enorme caudal de información y comunicación empresarial, el *community manager*.

El futuro ya estaba presente.

*Lección de vida. La adaptación al medio es absolutamente necesaria. Se puede decir que en este mundo no es más fuerte el que más resiste, sino el que mejor se adapta. Hay que evolucionar de forma constante para poder seguir, y para ello es necesario estar al día en los constantes cambios que se dan en un universo tan amplio y competitivo, en el que siempre hay nuevas técnicas que van a hacer que tengamos que reinventarnos. No quedarse atrás y ser moldeable es imprescindible.*

# Capítulo 11
## La venta de mis negocios

Gracias al éxito, crecimiento y posicionamiento en los primeros lugares de mis sitios web, comencé a recibir ofertas de compra por parte de algunas empresas, nacionales y sobre todo extranjeras, que contactaron conmigo para tratar de negociar una venta. Uno de los sitios web más rentables y por el que primero se interesaron fue por mi página esotérica. Estaba tan bien posicionado en los motores de búsqueda que, al poner la palabra «horóscopo», automáticamente aparecía mi web.

Yo, para ser sincero, nunca me había planteado vender ninguno de mis sitios. Para mí tenían un valor mucho más alto que el del dinero, eran parte de mi vida, y solo yo sabía todo el esfuerzo que me había costado llegar a tenerlos, el trabajo, las inmensas y largas horas que invertí en cada una de ellas. Digamos que, ante la propuesta de negocio, me asaltó cierta vena romántica.

Tuve que asesorarme con especialistas en temas de valorización y beneficios de mercado para poder tener las herramientas y las bases necesarias con las cuales negociar. Había cientos de detalles que podían ser cruciales y que yo ni siquiera contemplé, como flujos de ingresos generados por el mismo negocio, valor de la marca, condiciones de pago, aspectos fiscales, contratos, personal contratado... luego de muchos meses de negociación y conversaciones sin ni siquiera llegar a conocernos en persona, procedimos a la primera venta de una manera fluida y amistosa.

Para concretar la transacción redactamos un contrato de la venta del sitio web con todo su contenido, la instalación del sistema de gestión en los servidores del comprador, las transferencias del dominio a favor del nuevo propietario y soporte para que pudieran aprender a gestionar todo el sitio web, hasta la redacción de un manual del modelo de negocio. No quedó ni un solo aspecto que no formara parte del contrato de venta y que no estuviera contemplado en los términos del acuerdo. El pago se acordó de tal forma que se iba produciendo de manera parcial a medida que se finalizaba y cumplía con cada una de las distintas cláusulas del contrato. Fue agotador, realmente, pero también supuso una experiencia invaluable.

Cuando logré cerrar con esta venta, una nueva empresa vino a hacerme otra oferta por mi web de monografías. Al menos, por mi parte, contaba con la experiencia anterior y gracias a ese aprendizaje, a toda la metodología de ventas que aplicamos la primera vez, pudimos llegar a un acuerdo de forma mucho más rápida y transparente, incluso se utilizó la plantilla del contrato de la venta anterior.

Poco a poco, se fueron sucediendo ofertas distintas por mis webs. Una tras otra, me llegaban ofertas de distintos lugares y sitios webs interesados por la adquisición de cualquiera de los portales que yo había creado. Dado que estaba vendiendo la mayoría de las plataformas que más rendimiento me ocasionaban, tuve que compensar esa pérdida de liquidez, y que me suponía el dejar de recibir aquellos ingresos, con la creación de nuevas páginas en Internet de forma que pudiera seguir manteniendo el crecimiento empresarial. Cuando vendí el portal de monografías, decidí crear otras webs, pero con trabajos más especializados y concretos, mantuve también las revistas de publicaciones científicas y creé sitios de *marketing* a través de Internet. Fue por aquella época cuando lancé una web sobre becas y otra de cursos *online*, que vendí al poco tiempo.

El año 2000 fue un gran año. Fue el año en que logré ganar mi primer millón de dólares. Si sumaba los ingresos de los distintos negocios que tenía con los portales de Internet más la suma de las ventas realizadas, el número era así de brillante. Tenía poco más de veinte años y ya había ganado mi primer millón de dólares en dinero líquido, el valor de todo aquello que, de forma inmueble, permanecía en Internet, lo duplicaba. Realmente para lograrlo empecé, si lo recuerdan bien, con 170 dólares y mi trabajo. Pero no hay truco o milagro en todo esto. Hay mucho trabajo y una buena gestión de recursos. Nunca tuve la necesidad de pedir dinero prestado o de buscar un socio, todos los beneficios iniciales se reinvertían siempre en el negocio y yo ponía toda la fuerza de trabajo necesaria para no tener que contratar a nadie hasta que no fue absolutamente necesario.

He de reconocer que ser dueño de mi propio negocio me ofrecía una libertad poco usual para la gente de mi edad, y la experiencia de haber hecho crecer el dinero y expandir mi modelo de empresa, me permitía tener la cabeza bien asentada y saber cómo administrar todo aquello.

Hay una antigua y popular frase que reza: «no es la meta lo que importa, sino el camino». Puedo dar fe que es cierta. Lo importante son las enormes aventuras que viví, las anécdotas, los esfuerzos, la superación personal, la forma en que supe entender y valorar la palabra éxito.

Estaba, se puede decir, en la cima, contemplando el mundo desde un prisma al que muy pocos llegan. El terrible esfuerzo de tantos años tenía como recompensa sentir un grado de tranquilidad difícil de lograr. Entendí que era el momento de vivir, de emprender viajes, de visitar playas y conocer el mundo. Me hice viajero. Recorrí todas las islas y países que más me atraían en busca de lo que yo consideraba la playa perfecta: Cuba, Costa Rica, Colombia, Saint Thomas, Saint Martin, Puerto Rico, Grecia… y al final mis pasos me llevaron a la República Dominicana.

En Punta Cana viví la única experiencia desagradable. Solía sentirme muy seguro al viajar y hospedarme en hoteles de cinco estrellas con paquetes vacacionales de todo incluido, hasta que una tarde, volviendo de mi excursión a la isla Catalina y La Romana, me encontré con que habían entrado en mi habitación, abierto las maletas y robado todo el dinero que tenía en efectivo. Llamé a una amiga mía, abogada de confianza, hablé con el gerente del hotel y ellos mismos me indicaron que poseían un sistema israelí que podía detectar quién y cuándo utilizaron la tarjeta de entrada de mi cuarto. Puse la denuncia pertinente ante la policía, por supuesto, aunque aquellos «defensores de la ley» llegaron a decirme que yo había fingido el robo con el fin de cobrar el seguro de viaje, algo que ni siquiera contraté. El sistema israelí determinó que nadie había entrado por la puerta, sino por la ventana de la terraza, con lo cual era imposible averiguar nada más. Fue realmente terrible. Un gran contratiempo que me llevó al enfado más absoluto hasta el punto de abandonar el hotel inmediatamente. Lo que menos me importaba era el dinero, pero la forma en que me trataron dejó mucho que desear. Se portaron tan mal que, cuando volví a casa, creé una página web donde recopilaba todos los robos ocurridos en aquel lugar y posicioné la página en los primeros resultados de búsqueda de Google. Como por entonces no existían las redes sociales, fue una gran plataforma para protestar y para encauzar ese tipo de quejas por parte de los turistas que se habían visto en la misma situación que yo. Al poco tiempo me llamaron del hotel. Habían visto mi web y les estaba dando muy mala publicidad. Llegué a un acuerdo con ellos para retirarlos de la página y sentirme recompensado por el robo y su mala forma de tratar todo aquel asunto. Gracias a esa anécdota entendí que las redes sociales e Internet también eran una poderosa arma.

Por supuesto, esa mala experiencia no me impidió seguir viajando. Gracias a mi amigo Lorenzo, que desde España me recomendó el hotel de un compatriota suyo, llegué a Boca Chica. Recorrí muchos lugares, muchas playas preciosas y paradisíacas. Logré tener un amplio anecdotario de personas y lugares que me fueron dejando huella. Seguí los consejos de mis amigos, que me llevaron a Las Terrenas, en la provincia de Samaná, y allí encontré lo que había estado tanto tiempo añorando. Simplemente, creo que me enamoré de aquel lugar, tanto es así que busqué y logré encontrar el lugar perfecto para vivir, mudándome por tiempo indefinido.

Esta región de la República Dominicana posee aún playas vírgenes de una fina y preciosa arena blanca, con aguas cristalinas y puras. Sus arrecifes y sus costas están llenos de leyendas y tesoros escondidos que te atrapan en un sueño. Sus bancos de coral pueden vislumbrarse a través de las aguas diáfanas y transparentes. Los barcos españoles cargados de oro hundidos en sus costas por *sir* Francis Drake dieron su nombre a la playa de Las Galeras y, según dicen, todavía hoy hay tesoros escondidos por los corsarios en lo profundo de cuevas que permanecen inexploradas. El pirata Roberto Cofresí, huyendo de la Armada Española, prefirió hundir su barco en la costa de Samaná, cargado de oro, joyas y piedras preciosas, antes de que cayera en manos de los reyes de España. Sus restos han sido hallados recientemente y ascienden a casi ¡setenta billones de dólares! Todavía existen, según los historiadores, tesoros escondidos. Siempre me pregunto cuántos barcos y galeones permanecen en el fondo de este mar, yaciendo entre sus aguas, a la espera de ser descubiertos para admiración del mundo. Cuántos fantasmas y buques errantes surcan en la noche estas aguas de leyenda en la que la realidad y la ficción se mezclan con la historia de la humanidad, con sus ambiciones y sus conquistas, feroz en ocasiones, generosa en otras. Honrados piratas que amaban el mar y el oro, pero sobre todo la idea romántica de la libertad, nacida y mecida por el vaivén de las aguas del mar Caribe. Cuando *sir* Schomburgk visitó Samaná en 1853, ya informó a la Corona inglesa de cañones enterrados en la arena y oxidados por el paso de los siglos. La leyenda oral, transmitida generación tras generación por los lugareños, dice que pertenecen, nada más y nada menos, que a la Armada de Colón, abandonada en alguna de sus expediciones. Incluso Napoleón Bonaparte quiso conquistar este paraíso en 1802, aunque gracias a la Armada británica no lo consiguió. Quizá es esa la razón de que dos siglos después hayan venido tantos franceses a vivir a este edén, cautivados por su pasado, por su legendaria historia y su enorme belleza. El cielo dibuja unos atardeceres espectaculares sobre el mar Caribe. La vida, cerca del océano, es un verano perpetuo donde la gente siempre está alegre y cualquier motivo es digno de celebrarse en una fiesta. El simple hecho de vivir en este paraíso ya es, de por sí, una celebración constante. Sus playas, aisladas del mundo, me permiten el relax necesario para seguir en esta vorágine de tecnología que me rodea. Sus aguas turquesas y arenas blancas me aportan una tranquilidad difícil de conseguir en cualquier otro lugar del mundo.

Hoy siguen existiendo piratas, aunque no llevan garfios ni patas de palo. Los piratas actuales, con trajes de neopreno y botellas de oxígeno, van, linterna en mano, buscando pecios de otra época. Hay todo un patrimonio sumergido en estas aguas, testigos de innumerables batallas y apoteósicos naufragios. Los piratas de este siglo no sueñan como yo, sino que buscan en el mar los buques de otra época y los valiosos objetos que todavía guardan en su interior. A mí, los cañones antiguos enterrados en estos paraísos vírgenes me cuentan historias de piratas, corsarios y bucaneros, fomentando mi creatividad e imaginación. El mayor tesoro que contemplo es esta naturaleza y la libertad que me ofrece. Soy consciente de vivir en un edén.

Puede sonar a una vida retirada, pero yo no soy hombre de vivir apartado del mundo ni de quedarme atrás, así que decidí emprender nuevos retos, nuevos negocios… pero eso ya formará parte de otro libro.

*Lección de vida. Hay que saber soltar amarras. No podemos quedarnos siempre, por tiempo indefinido, en el mismo lugar haciendo las mismas cosas. Salir de la zona de confort nos lanza al mundo, nos impone nuevos retos y nuevas experiencias. Hay que saber cuándo es tiempo para dejar atrás las cosas que ya conocemos y dar un giro a nuestra vida.*

# Capítulo 12
# Los cinco pilares de cualquier negocio

Tras tantos años de experiencia, desde que comencé a trabajar con mi padre de niño hasta que vendí mis negocios, adquirí vastos conocimientos que se pueden aplicar a cualquier modelo de negocio, y esto es lo que quería compartir con todos ustedes, sobre todo si tienen alma emprendedora y quieren comenzar.

El primer pilar es el conocimiento. Se ha de conocer muy bien el negocio en que uno quiere desenvolverse. Hay que comenzar desde abajo, desde los cimientos, desde los puestos más modestos. Estos nos ofrecen una panorámica de todo lo que necesitamos saber y nadie nos va a contar. Debido a que cada negocio tiene su propia problemática, saber cómo resolver las dificultades nos va a permitir seguir vivos y trabajando, salir adelante. Son muchos los negocios que quiebran por falta de experiencia de los propietarios. Sin importar el capital del que se dispone para comenzar lo realmente importante, es el conocimiento el que permite crear el valor necesario. Un valor que se convertirá, a largo plazo, en rentabilidad.

El segundo pilar es diferenciar el producto o servicio que nosotros ofrecemos con el de la competencia. Los grandes negocios de la actualidad tienen grandes ideas de emprendimiento que realmente no son nuevas, pero sí satisfacen las necesidades específicas de un sector de población. Eso en sí es capaz de revolucionar todo un mercado o incluso crearlo, como, por ejemplo, Airbnb, que ofrece alojamiento conectando oferta y demanda y convirtiendo el alquiler de habitaciones, algo que siempre ha existido, en una plataforma que ha cambiado para siempre el modelo de empresas hoteleras. Esta plataforma no tiene la estructura de costes de los hoteles y además permite variar de ubicaciones ofreciendo un tipo de pernoctación basado en la economía colaborativa, donde dos partes diferenciadas se benefician de una misma operación.

Uber, dedicada al transporte de personas, ha utilizado una aplicación móvil para conectar con los pasajeros de una forma automatizada que ha resultado ser mucho más eficiente que el servicio de taxis tradicional. El impacto de su implementación en las grandes capitales ha generado conflictos y cambiado para siempre la forma de trabajar establecida. Hoy son muchas las empresas que crean servicios de transportes adaptados a las necesidades de cada cliente.

WhatsApp revolucionó la forma de comunicarnos y desplazó por completo los servicios de mensajería ya existentes. Es una herramienta útil de trabajo, pero también de ocio, en la que se pueden enviar mensajes no solo de texto, sino de audio, voz, imágenes, videos, contactos, ubicaciones... Con esta misma finalidad se utilizaban los primeros Messenger de Facebook y anteriormente el de Hotmail, pero la innovación al móvil y su rapidez hizo que desbancara a cualquier competidor.

Facebook e Instagram satisfacen la necesidad del ser humano de comunicarse, interactuar y vincularse con su entorno social, son el símbolo de las redes sociales. Lo importante de estas para los negocios es saber evaluar cómo satisfacen estas necesidades y cuáles ofrecen un mayor valor de negocio. Un negocio basado en la venta de publicidad, donde los clientes son los anunciantes y los usuarios son quienes crean el contenido, dando valor a la información personal.

Las criptomonedas han creado un nuevo mercado y han cambiado las reglas del intercambio económico. Siempre, a lo largo de la historia, las monedas han tenido el respaldo de un país o de un conjunto de países, como puede ser el euro. Las criptomonedas se proponen como un nuevo bien de intercambio por encima de las naciones, con sistemas de seguridad propios y autorregulables, y cuyo valor está regido por la oferta y la demanda, lo que puede generar grandes y rápidas subidas de valor, como es el caso del bitcóin.

Por resumir, todos los casos que he citado satisfacen necesidades reales entre las personas y ofrecen servicios que tienen mucho tiempo de existencia, solo que de una nueva forma y brindando una experiencia renovada gracias a las herramientas tecnológicas.

El tercer pilar de cualquier negocio es tener un enfoque total y único de determinado modelo de negocio, imprescindible además en sus etapas iniciales. Enfocar toda nuestra atención y todos nuestros medios es imprescindible. Puedo poner como ejemplo a mi padre, que tuvo varios negocios y tendía a disiparse o a no terminar de consolidarlos, ya que se necesita una estabilidad en el tiempo para que estos comiencen a dar los frutos esperados. La realidad nos demuestra que cualquier negocio necesita mucho trabajo en su etapa inicial, y comenzar a ser rentable o que pueda alcanzar cierto equilibrio entre gastos y beneficios es todavía más difícil. Para cualquier negocio es imprescindible demostrar su permanencia al menos de dos años para que se haya podido superar ese proceso de aprendizaje necesario.

En cualquier caso, si una persona quiere salir de un trabajo y tomar la decisión de lanzarse, debe salir de la zona de confort y saber que va a ser un camino de mucho trabajo y tesón en donde no habrá nada seguro durante un largo período de tiempo. Hay que aprender a volar, como las aves, dar el salto al vacío. Por otro lado, el que sea el propio empresario quien lidere su negocio, le imprimirá una personalidad concreta en el trato con los clientes y será mucho más eficaz, en un principio, que si busca empleados.

El cuarto pilar es conocer a fondo las finanzas del negocio. Tampoco es algo demasiado complejo. Simplemente hay que tener claros todos los gastos, todos los ingresos, los presupuestos, las contingencias y un manejo adecuado y ordenado de toda la información económica. El empresario ha de encontrar los mecanismos necesarios para que los datos financieros obren en su poder, reduciendo así también los gastos y cualquier tipo de riesgo.

El quinto pilar es el que mejor se aplica a los negocios de hoy, porque si bien existe un modelo de negocio inicial y una planificación previa, la realidad actual nos obliga a un entorno de cambios y evoluciones constantes de los factores. Esto es debido a la competencia, a los cambios tecnológicos, las leyes, la internacionalidad que aportan los nuevos medios y todo el entorno en el cual ha de desarrollarse el negocio. Hay que tratar de estar al día en las tendencias de los mercados y tener cierta brújula que nos permita ir adaptando nuestro modelo de negocio para satisfacer la demanda de los clientes y sus necesidades, incluso antes de que estos sean conscientes de ellas.

Hay una herramienta en el mercado llamada Design Thinking, creada por David Kelley, profesor de la Universidad de Stanford, que busca un factor de innovación con un enfoque total de los usuarios y partiendo de la premisa de que la innovación siempre crea valor.

Esta herramienta ha de ser utilizada junto al Business Model Canvas, creada por el suizo Alexander Osterwalder, un destacado gurú en los modelos de negocios. Este instrumento permite de forma sencilla, y sin requerir de previos conocimientos complejos, crear un plan de negocios y entender de qué manera va a funcionar la empresa. Los parámetros en los que se basa son varios, así que procedo a enumerarlos. La propuesta de valor, básicamente nos dirá la forma en que se van a satisfacer las necesidades de los clientes. La segmentación nos los define de forma detallada y trata de concretar sus características, preferencias, estilo de vida y cualquier variable que nos permita conocerlos más a fondo. El canal de distribución y ventas nos dirá cómo se va a entregar el producto o el servicio, definiendo de antemano la experiencia de los clientes. La relación con ellos, uno de los aspectos fundamentales de cualquier negocio, vendrá definida por esta herramienta en base a la percepción que tengan de nuestra empresa, a cómo serán motivados para ser nuestros clientes y cómo fidelizarlos. Asimismo, nos permitirá reconocer las emociones que debemos transmitir en la construcción de nuestra marca. Los socios clave serán los proveedores y socios estratégicos que formarán parte importante de nuestro modelo de negocio. Las actividades clave serán los procesos de investigación, *marketing*, producción, finanzas, recursos humanos, etc. Los recursos clave son todas aquellas herramientas requeridas para el óptimo funcionamiento de la empresa, tales como computadoras, transportes, mobiliario... El flujo de ingresos vendrá definido por la forma en que los productos se vendan, es decir, unidades, ventas recurrentes, cobros mensuales, etc. Conocer el precio unitario y el volumen de ventas, de manera que este pueda estimar los ingresos en un determinado plazo de tiempo. La estructura de coste es tener bien definido los costos fijos y variables de la empresa para conocer los momentos críticos de la administración financiera, los meses de pago de impuestos o vencimientos de compras, por ejemplo.

*Lección de vida.* A lo largo de mi vida profesional he ido cruzando puentes, a medida que estos se iban presentando ante mí. Cierto que he tenido modelos a seguir y he adquirido conocimientos, pero nada de esto hubiera sido posible si no hubiera sentido verdadera pasión por el trabajo que he realizado. Ese es mi último consejo. Apasiónate. Vive con intensidad esta aventura de crear tu propio negocio. Yo lo hice y me puedo permitir aconsejarte en algunos aspectos, pero nada de esto tendrá validez si tú mismo dudas, si no te comprometes, si crees que no puedes llegar. Apasiónate y vive la aventura de ser quien siempre has querido ser.

# NOTAS DEL AUTOR

Espero que hayas disfrutado leyendo este libro tanto como yo disfruté escribiéndolo. Estaría muy agradecido si puedes publicar una breve opinión en Amazon. Tu apoyo realmente hará la diferencia.

### Conéctate con E. Valderrama

Si tuvieras alguna sugerencia, comentario o pregunta y deseas ponerte en contacto conmigo por favor escríbeme directamente a info@evalderrama.com. También me puedes encontrar en:

www.evalderrama.com
https://www.instagram.com/evalderramaoficial/
https://www.linkedin.com/in/evalderramaoficial
https://www.facebook.com/evalderramaoficial/
https://www.youtube.com/channel/UC_R0Y3Em0UdhljspltEaEbw
https://twitter.com/evalderramaofi
https://es.quora.com/profile/E-Valderrama

Mis mejores deseos,
E. Valderrama

www.ingramcontent.com/pod-product-compliance
Lightning Source LLC
Chambersburg PA
CBHW021508210526
**45463CB00002B/955**